JN410103

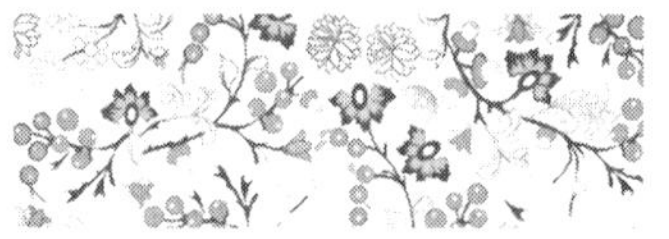

너의 이름 사랑이다

이민호 시집

교음사

서(序)

우리 사랑은

우리 사랑은
푸르게 돋아나는 잎사귀처럼
무성한 채로 그대로였으면 좋겠습니다

비 오는 날도
바람 부는 날도
시린 날도 없었으면 좋겠습니다

늘 미소 짓고
행복한 사랑으로
가득했으면 좋겠습니다

우리 사랑은
많은 시간이 흘러도 변함없이 빛나는
새벽별과 같았으면 좋겠습니다

2020년 새해에 사랑시인
이민호

· 이민호 시집

· 차례

1. 사랑을 위하여

2. 사랑 그리기

3. 사랑은 언제나

4. 사랑은 그리움

5. 우리 사랑

1

사랑을 위하여

강 위에 띄우는 시

누군가는 꽃잎에 시를 쓰고
누군가는 낙엽에 시를 쓰고
또 누군가는 그리운 가슴 위에 시를 쓴다

노을이 붉게 물드는 강 위에 시를 적는다
강물이 흘러 흘러 그리운 님에게 닿을 수 있도록

고백 · 2

세찬 바람 몰아치던 밤
저 멀리 수평선 위 어화 불빛 바라보이는
바닷가 언덕 위
이름 모를 여가수
사랑 노래 애절하게
가슴 울리는 라이브 카페
우수 깊은 눈 바라보며
손 내밀어 꼭 잡은 손

사랑해!
이 세상 끝날 때까지

사랑해!
영혼을 다 마시는 날까지

낙엽 붉게 물든 가을날
아름답게 꽃 피워 올린 우리 사랑
영원히 시들지 않기를

고백 · 3

그대 때문에 나는 늘 그립습니다

그대를 만나도 그립고
못 만나도 그립습니다

햇살이 눈부신 한낮에도 그립고
별빛 내리는 밤에도 그립습니다

그대 때문에
아침부터 잠 못 드는 새벽까지
하루도 그립지 않은 날이 없습니다

그곳에 가면

그곳에 가면
아련해진다
큰 눈망울 굴리며
작은 창가에 서서 날 바라보던
그 얼굴이 눈앞에 서성거린다

그곳을 지나칠 때마다
가슴 아래에서 싸해지는
추억이 아련해져 온다

그녀도
나처럼 가끔
그곳을 지나칠 때면
시린 추억을 떠올릴까

그대가 그립습니다

오늘처럼 길가에 무수히 떨어진 낙엽들이
바람에 이리저리 흩날리는 날에는
그대가 생각납니다

지난날 나란히 손잡고 걸었던
이 거리에는 어느새 낙엽들이
하나둘씩 지고 있습니다

나란히 손잡고 걸어가는 다정한 연인들의
속삭임을 보고 있노라면
그대가 생각납니다

지난날 길 저편에서 손 흔들며 다가와
환한 미소를 건네던 그대가 떠올라
가던 발걸음을 멈추게 합니다

그대여 · 3

오늘도 노을 지는 창가에 서면
붉게 물든 저 하늘 끝에
미소 짓는 그대 모습

그대여
내 귓가에
낭랑한 목소리 들려주오

늘 곁에 있는 듯한
늘 함께 호흡하는 듯한

그대여

꿈길처럼
내게로 오소서

그대와 나

그대와 나

사랑의 진한 향기로

사랑의 아름다움으로

사랑의 꽃을 피워

새벽하늘 환하게 비추는

사랑별이 되리

그리운 날

바람도 사무치게 그리울 때가 있나 보다

붉게 노을 지는 강을 건너와 뜬 눈으로

창을 흔들며 온통 하얀 밤을 지새우고 있는 것을 보면

그리움 · 13

그리움이 말없이 왔다간 자리 강물 위에 떠 있는 반달이 소리 없이 일렁거린다. 강을 따라 불어오는 바람에 연신 사각거리는 대나무 잎 소리를 들으며 문화예술회관 야외 공연장 내려가는 계단에 앉아 강 건너 지나가는 차들의 불빛을 바라보며 가슴 속 깊이 파고드는 외로움에 젖어 든다

눈이 시리도록 푸른 하늘이
그대의 마음인 걸
그땐 몰랐습니다

저녁노을에 붉게 물드는 강물이
그대의 사랑만큼 짙다는 걸
그땐 몰랐습니다

서쪽 하늘 유난히 반짝이는
샛별이 그대 그리움인 걸
그땐 미처 몰랐습니다

그리움 · 14

소리 없이 비가 온다
하늘에 수 없이 맺혀 떠돌던 그리움들은
검은 아스팔트 위로 무수히 눈물들을 쏟아낸다

그립다

은 초롱이 꽃 같은 그대
그립다

깊고 다정한 눈
보고 싶다

입가에 흐르는
그대 붉은 미소가
너무 그립다

길 위의 차들이 일으키고 가는 하얀 물보라만큼

그리움 · 15

그대는
내 가슴에 흐르는 그리움이다

가슴속 깊이 묻고 살아도
불쑥불쑥 뛰쳐나와 눈앞에 서성이는 그대

바람이 불 때마다
은하수처럼 그리움이 흩날리고
석양이 붉게 물들 때마다
빛나던 하얀 얼굴
빨간 능금처럼 익어간다

그리움 · 16

오늘 아침에도 바람이 많이 붑니다
요즘은 왜 이른 아침부터 바람이 부는지

오늘 아침에도 그대가 그립습니다
요즘은 왜 그대가 자꾸만 보고 싶은지

오늘 밤에도 안개가 피어올랐습니다
요즘은 밤에도 안개가 왜 많이 피어오르는지

오늘 밤도 그대가 그립습니다
요즘은 자꾸만 안개 낀 강을 따라
걷고 싶은지 모릅니다

그리움 · 17

잘 있나요
그대 있는 그곳에도 이제 여름이 시작되었겠죠

비 내리는 오후 뜨거운 찻잔을 들고서
창가에 서서 우산 속 걸어가는 연인들을 바라보며
그대 생각에 젖어듭니다

그대 가끔은 날 생각하나요
지금도 큰 두 눈에 이슬 맺히나요
난 아직도 그대 닮은 사람 보이면
뒷모습을 따라가게 된답니다

창밖에 내리는 비는 나를 방안에 가둬 놓고
저만치 가고 있네요
비를 무척 좋아했던 그대 모습이 떠올라요
우산 속 나란히 바닷가를 걸었던 생각이 나네요

바람이 몰고 온 비가 나를 흠뻑 적시고 가네요
머리 짧게 잘라도 되나요
옷은 어떤 것을 입을까요
잠이 안와요

사소한 것들을 모두 내게 말했던 그대
나 이제 그대 목소리 잊어가요

그리움 · 18

그대와 헤어지고 다시 가을이 온다. 이른 아침부터 울던 매미 소리도 점점 잦아들어가고 붉은 속살 드러낸 백합 향기 가득한 강 언덕 찻집 홀로 앉은 창가에 물밀듯 그리움이 맺혀졌다 빗물처럼 흘러내리면 못 다한 사랑이 눈물겹다. 강을 따라 빠르게 내려오는 어둠을 쫓아 불빛 찾아 날아든 흰 꼬리 나방은 넓은 유리창에 죽은 듯 날개를 접는다. 한낮 동안 애타던 그리움은 강 건너 고개 숙인 가로등 아래 멈춰 서서 서성인다.

잘 있나요
그대 아무 일 없는 것처럼
잘 지내는지
어쩌다 한번쯤 날 생각하는지
지난 추억에 혼자 웃음 지으며
글썽대는지
난 밥도 잘 먹고
웃기도 잘하고
잠도 잘 자고
예쁜 여자 마주치면
눈길도 주고
마치 아무 일 없었던 것처럼
잘 지내고 있는데

그대도
밥 잘 먹고
친구들과 즐겁게 이야기하며
잘 웃고 떠드는지
잠도 잘 자는지

그리움 · 19

그립다 그립다 하니 비가 온다. 잿빛 하늘 아래로 어둠이 서쪽 강을 따라 빠르게 내려오며 강가 수은등에 노란 불들을 밝힌다. 고개 숙인 가로등 불빛에 탈색된 채로 내리는 비는 하얀 속살을 드러내며 그리움들을 수없이 쏟아낸다. 사랑이 말없이 떠나간 거리엔 또 다른 사랑들이 넘쳐나고 내리는 비에 떨어진 하얀 목련 위로 아픈 추억만이 길 위에서 맴을 돈다.

그대 잊지 말아요

봄이 오고
여름이 가고
낙엽이 지고
많은 시간이 흘러가도
우리 사랑 잊지 말아요

아픈 눈물 남기고 간 사랑이지만
함께했던 눈부신 날들을 기억해요
가슴에 소중히 간직한 사랑을
행복했던 순간들을

그리움 · 20

–낙화

고요한 바람의 속삭임에
흐드러진 벚꽃이 진다
길 위로 질주하는 차들의 꽁무니를 쫓아
연분홍빛 꽃잎들이 날개를 단다

그리움 속 그대는
바람의 길을 따라가는 하늘 위에 나부낀다
죽을 만큼 좋은 봄날은
무수히 지는 꽃으로 흐느낀다

깊은 밤 꽃비 내리는
나무 아래에 서면
내 몸에서 무수히 떨어져 나가는 꽃잎들
푸른 상처가 돋아나는 동안
그대의 낯빛 같은
연분홍 꽃잎 위에
잊지 못할 사무친 그리움들이 맺힌다

그대이기 때문에

그대라서 좋은 것이다
그대라서 그리워하는 것이다
그대라서 함께 하고 싶은 것이다

그 누구도 아닌
그대이기 때문에 사랑하는 것이다

2

사랑 그리기

그녀가 뿔났다

그녀가 뿔났다

하루 종일 시도 때도 없이 문자하고
만나면 땀이 흥건해지도록 손 꼭 잡고
많은 사람들 오고가는
거리에서 끌어안고 키스를 하고
사랑한다는 말은
귀가 따갑도록 하더니
며칠 내내
어디서 무얼 하고 있느냐
얼마큼 사랑하느냐고 물어도
건성으로 대답하고
만나면 무어가 그리 바쁜지
자꾸 시계만 들여다보고
옆자리에 오지도 않는다며 투정부리더니

어젠,
찻집에서 무표정한 얼굴로
말 한마디 없이
창밖만 보고 있다가
사람들 시선이 느껴진다며

손 놓고 걸어가자는 말에
토라져간 그녀

하루 종일
문자도
전화도 불통

그 남자 그 여자

뒷모습이 더 멋진 그 남자
한번쯤 뒤를 돌아보게 하는 그 남자
그 남자가 사랑하는 그 여자는 여느 여자들처럼
평범하다
약간 그을린 것 같은 피부에 생머리, 쌍꺼풀 없는 눈, 왼쪽으로 조금 비뚤어진 코, 늘 바지 차림, 구두 속의 맨발, 그녀는
여성의 정초한 매력도 없고 미인도 아니다
그 남자는 남자 중의 남자다
언제나 미소 가득한 얼굴, 부드러운 말투에
매너 가득한 그 남자는 늘 자신감이 넘쳐 있다
술 잘하는 그 남자, 성격 쿨한 남자, 함께 하면
덩달아 즐거워진다
가수 못지 않은 노래 실력을 가진 그 남자
아무리 목석같은 여자도
그의 진한 향이 나는 도끼에 넘어간다
깊은 사연 안고 있는 그 여자
매력이라곤 찾아 볼 수 없는 그 여자
선 머스마 같은 그 여자, 눈물 많은 그 여자
그 남자가 사랑한 그 여자
둘은 연인 사이로 보이지 않는다
둘은 너무 다른 색깔을 가졌다

그 남자는 말한다
'이상하기도 하지. 내 이상형도 아닌데
어째서 내가 널 사랑하게 되었는지 알 수가 없어'
그 여자 사람들에게 그 남자를
자기 애인이라고 말한다
그 남자 사람들에게 그 여자를
연인이라고 말한다

나는 그대의 일기장

눈을 감고 있어도 눈을 뜨고 있어도 보고 싶은 그대. 매일 반복되는 일상 속에서 나는 그대로 인하여 시간의 지루함을 느낄 수 없습니다. 그대는 흐린 날이나 맑게 개인날이나 한결같이 밝고 맑은 목소리로 내게 말을 건네 옵니다. 오늘도 나는 그대로 인해 저 하늘을 높이 날아오릅니다.

내가 어디에서
무엇을 하는지
맛있는 것을 먹을 때나
차를 마실 때에도
술을 마실 때에도
많은 사람들 속에서도
언제나
나를 생각하는지
나를 얼마큼 사랑하는지
하루를 무엇하며 보냈는지
꿈속에서도 날 보고파 하는지
호기심 가득한 눈망울을 굴리며 다가오는 그녀

나는 그대의 하루 속에 있는 일기장

너와 나는 · 2

너와 나
서로 사이가 좋을 때는
자기야!
사랑해!
상냥하게 웃으며 대하다가

어쩌다 토라져 돌아설 때는
왜?
너!
하며
몇날 며칠을 문자도 전화도 않고 지낸다

너와 함께 있으면

너와 함께 있으면
근사한 레스토랑이 아니어도 좋고
분위기 있는 호반의 찻집이 아니라도 좋다

사람들 북적대는 분식집에서
떡볶이와 국수를 맛있게 먹고
편의점에서 헤이즐넛 커피를 사서
많은 사람들 오고가는
거리 벤치에 앉아 있어도 좋다

너와 함께 있으면
너밖에 아무 생각이 나지 않아서
너무 좋다

사랑 그리기

우리 사랑
보이는 대로 그리기
솔직하게 그리기
감추지 말고 있는 그대로 그리기
마음속까지 다 보이게 그리기

주작산 진달래

진달래꽃 피고 지는 주작산아
굽이굽이 산 능선마다
흐드러진 너의 모습에
가슴 깊이 묻어 두었던 그리움이
뜨거운 비가 되어 흐른다

내 너를 잊으려
이곳을 다시 찾지 않으려 했건만
다시 돌아온 봄은
열병처럼 되살아나
나를 다시 이곳으로
발걸음을 옮겨 놓았구나

꽃바람 타고 날아온
한 마리 나비와 같이
진달래 꽃잎 따던 여인아
너의 모습에 반해
사랑을 고백한 그날이
어젯밤 꿈결 같은데

봄이 가고

여름이 가고
불꽃같은 우리의 사랑은
바람에 떨어지는 꽃잎처럼
속절없이 지고 말았으니
어느 산능선
어느 언덕에서
다시 만나
붉은 꽃송이 피어 올려
못 다한 사랑 나눌까

진달래 꽃

임 떠난 그 자리에
사무친 그리움 안고
붉게 피어난 진달래

날 두고
고개 넘어 가신 임
이제 나를 잊으셨나

세찬 바람에
못 오시나
비에 젖어
못 오시나
내가 싫어
안 오시나

고운 임 깊은 정
가슴 깊이 새겼는데
입술 깨물며 잊으리라
죽어서도 잊으리라
다짐을 하고 또 하건만

붉은 가슴
이루지 못한 사랑
그리움이 깊어질수록
봄날은 멀어져만 가는데

사랑 리필

커피도
음료수도
빵도 먹다가 모자라면 리필이 되는데

사랑은 왜 리필이 되지 않나요

못 다한 사랑
지나쳐 버린 아쉬운 순간들을
다시 리필 할 수 있다면
너를 위해 아낌없이 다 쓰고 싶다

사랑은

꽃花이라 했다
향기롭게 피었다 속절없이 지고 마는

강물水이라 했다
한순간 흘러가 버리고 마는

불火이라 했다
붉게 타오르다 까만 재만 남고 마는

노래言라 했다
부르다가 지치고 마는

바람風이라 했다
부드럽게, 뜨겁게 다가왔다
한순간 사라지고 마는

안개雲라 했다
한 치 앞이 보이지 않는

사랑 꽃

너는 꽃
나는 나비
다정스런 말 한마디에
꽃망울을 활짝 열었다가
싸늘한 말 한마디에
고개를 떨어뜨리는
너는
사랑으로 피어난 꽃

나는 나비
사랑 찾아
세상을 떠돌다
너의 따뜻한 품에
안식을 택한
나는
사랑 나비

나는 나비
너는 꽃
때로는
사랑에 웃고

사랑에 눈물짓지만
너와 나는
사랑 없이 살 수 없는
꽃과 나비

사랑은 예쁘다

사랑하면
몸매가 가냘프지 않아도 예쁘고
얼굴이 둥글지 않아도 예쁘고
목소리가 상냥하지 않아도 예쁘고
손가락이 짧아도 예쁘고
긴 머리가 아니어도 예쁘다

사랑은 사랑이라서 예쁘다

사랑하게 된 이유

나를 웃게 한 사람
나를 기다리게 한 사람
나를 행복하게 한 사람
나를 변하게 한 사람
내가 사랑하게 한 사람

내가 그대를 사랑하게 된 이유

사랑하기 전에

그대를 사랑합니다

그대를 사랑하기 전에 용서를 미리 해 두려고 합니다
사랑에 빠져들수록 깊어지는 병
그리움과 외로움과 고통에
미움이 사랑보다 더 커질까 하는 생각에서 입니다

언제나 같은 시간의 공간 속에
서로 머물지 못하는
우리 사랑을 위해

사랑하는 마음

감사합니다
그대를 사랑할 수 있어서

고맙습니다
그대를 사랑하게 해 주어서

그대와
마주보며 앉아
즐겁게 웃으며 이야기하고
따뜻한 마음을 나눌 수 있어서
감사할 뿐입니다

우리 사이에 무엇이 더 필요할까요
내가 그대를
그대가 나를
서로 사랑할 수 있어서
행복할 뿐입니다

사랑하는 그대

나는 그대를 임이라 부르지 않습니다
그대를 임이라 부르지 않는 것은
임은 내 가슴에 묻을 수밖에 없는
사람이기 때문입니다
내가 그대를 사랑하고
그대만을 그리워하며
살아갈 수 있는 것은
진정 그대를 사랑하기 때문입니다

나는 그대를 별이라 부르지 않습니다
저 하늘 떠 있는 별은
아름다운 모습으로
언제나 빛나고 있지만
손닿을 수 없는
아득한 곳에 있기에
그저 바라볼 수밖에 없기 때문입니다

나는 그대를 꽃이라 부르지 않습니다
꽃은 향기롭게 피었다가
한순간 속절없이 지고 말기에
그대를 꽃이라 부르지 않습니다

내가 그대를 사랑하고
그대만을 그리워하며
사는 이유는
그대의 사랑의 빛이
나의 어두운 마음을 환하게 밝혀주기 때문입니다

좋아한다는 말

그대에게 다가가도 될까요
그대를 좋아한다고 말해도 되나요
하루도 그대 보지 못하면 못 견딜 것만 같은
내 마음을 보여도 되나요

밤이면 밤마다 그대 꿈을 꾸고
온종일 그대 생각에
아무 일도 못하고
먼 하늘만 바라보다
그리움 안고 잠이 드는 이유를 말해도 되나요

가슴속 감춰 두었던 이야기
그대 따뜻한 미소
내게 보여줄 수 없나요
나도 모르게
그대 좋아하게 되었다고 말해도 되나요

감미로운 그대 목소리
매일 들려 줄 수 있나요
오랫동안 참아 온 이야기
그대에게 하고 싶어요
온종일 그대와 손을 잡고 걷고 싶어요

3

사랑은 언제나

첫사랑

그땐 그것이
사랑인 줄 몰랐다
이별 한 후에 알았다

첫사랑이었던
너를,
영영 가슴에 묻고만
간절한 사랑이 되어 버린 것을

그해 가을

너 떠나간 가을은
작은 바람에도 우수수 몸을 떨었다

한 여름날 영원으로 치닫던 우리 사랑
붉게 타오르지 못하고
메말라 버린 낙엽처럼
길 위에 떨어져 뒹굴었다

너 떠난 그해 가을은
자고 나면 점점 아득해져 가는
하늘은 푸르기만 했고
나는 헐벗은 나무처럼
슬프고 앙상한 뼈만 남았다

낙엽

혼자만의 사랑
숨죽인 가슴앓이

피멍은 앙금되어
붉은 피 토해 낸다

늦가을
붉은빛 연서
고백 편지 띄운다

만약에

만약에
내가 너를 만나지 않았다면

만약에
너를 사랑하지 않았다면

만약에
너를 조금만 더 이해했더라면

만약에
너의 꼭 잡은 손 놓지 않았다면

널 떠나보내고
밤마다 슬픈 눈물 흘리지 않았을 것을

아는가, 찬물에 밥 말아 먹는 사랑을

아는가,
목숨 걸고 사랑한 사람을 떠나보내야 하는 심정을.
계절을 건너뛰지 못하는 봄은 돌아와 꽃 진 그 자리에 다시 꽃을 피운다. 행복했던 지난날들을 생각하면 뜨거운 눈물이 흐른다. 겨우내 시린 가슴 덥히며 붉게 피워 올린 동백은 이른 봄날 짧은 이별을 고하고 있다. 너와 나의 꿈같은 날들은 옅은 구름처럼 한순간 흩어져 버렸다. 붉은 장미를 닮은 여인아, 진정 사랑했다는 말은 두고 가지 마라.
너는 아는가, 찬물에 밥 말아 먹는 사랑을. 그 사랑 떠나간 후에도 잊지 못할 그리움을 안고 사는 남자의 가슴을

이별한 후에

미쳐 있었어
너에게
하루 종일 너 생각만 했었어
밥을 먹을 때나
커피를 마실 때도
차를 타고 갈 때도
술을 마실 때에도
온통 너 생각뿐이었어

너보다 내가 더 많이 너를 사랑했나봐
가슴이 터질 듯 아픈 걸 보면
나보다 더 많이 나를 사랑한다더니
나를 죽도록 사랑한다더니
언제나 그 자리에 있을 거라더니
다 거짓이었나 봐
너는 나를 이제 잊어가나 봐
나는 아직도 너를 사랑하고 있는데
내 꿈속에 온통 너뿐인 걸 보면

야화(夜化)

붉은 노을 속에 피어나
화려한 도시의 거리에
온통 진한 향기를 적시는 너는
밤에 피는 꽃

오늘도 떠나간 님 못 잊어
남몰래 흘리는 눈물
한잔 술에 그리운 가슴 담아 부르는 노래
조명도 가쁜 숨 몰아쉬고
흐르는 별빛마저도
다 살라버린 밤
깊은 상처만 남은 가슴에
또 어느 사내가 비를 뿌리네

그 고운 미소
황홀한 꽃향기
거리에 다 뿌려 놓고
새벽 거리에 흐느적거리는 하이힐 소리만
남겨 놓고 떠나가는
너는 밤에 피는 야화(夜化)

어떤 이별

남자와 여자는 엘리베이터를 타고 4층으로 올라갔다.

엘리베이터가 3층에서 멈추자 모텔 방에서 막 나온 젊은 남녀가 안으로 들어왔다. 긴 머리의 여자는 남자 등 뒤에 고개를 숙인 채 섰다. 사내는 엘리베이터 안을 두리번거렸다. 4층에 내리자 일본식 주점 출입문에 달아놓은 붉은 네온이 춤을 추고 있었다.

종업원이 달려 나와 빈 좌석이 없다고 했다. 6층으로 올라가자 뿌연 담배 연기 자욱한 호프집 안에선 젊은 사내들이 삼삼오오 앉아 벽에 걸린 TV에 시선들을 고정한 채 연신 탄성들을 자아내고 있었다. TV에서는 한국과 일본 월드클래식 야구 경기가 한창이었다. 비워 있는 중앙 테이블로 종업원이 남녀를 안내했다.

여자가 맥주와 안주를 시켰다. 둘은 서로의 눈빛만 교환할 뿐 아무런 대화도 하지 않았다. 연신 맥주잔만 들이키고 있었다. 때때로 사방에서 터지는 함성과 탄성은 두 사람의 귀엔 들려오지 않았다.

두 남녀는 낯선 무인도에 앉아 있었다. 얼마 지나지 않아 큰 호프 잔은 바닥을 보였다. 여자는 맥주를 잘 마시지 못했지만 그날은 달랐다. 여자가 손을 들어 술을 시켰다. 호프 300cc 두 컵을 다 비우고 남자가 자리에서 일어났다. 남자가 카운터에서 계산을 하고 있을 때 여자는 말없이 뒤에 서서 남자를 바라만 보았다.

거리로 나서자 더운 바람이 한 움큼 다가와 여자의 짧은 머리칼을 흔들어 놓고 지나갔다. 거리 응원을 나온 한 무리의 인파들이 남녀 곁을 지나 지하도로 내려갔다. 지하도로 내려가는 입구에서 남자는 여자를 말없이 껴안았다. 여자는 나지막이 신음소리를 내며 남자의 품에서 빠져나갔다.

지하도를 건너 길 위로 올라왔을 때 달려온 택시가 앞에 섰다. 여자는 반쯤 손을 올려 남자에게 손을 흔들었다. 남자는 여자가 탄 차가 보이지 않을 때까지 멍하니 그 자리에서 서 있었다. 한참 후 전화 진동음이 울렸다. 남자는 호주머니에 넣어둔 휴대전화를 꺼내지 않았다.

남자는 술 취한 중년의 사내를 불러 세웠다. 중년의 남자 손에 들고 있는 담뱃갑을 뺏다시피 담배를 빼어 물고는 불을 붙였다. 독한 담배 연기는 목을 타고 내려와 폐부를 사정없이 후벼팠다. 남자는 밤하늘을 올려다보았다. 공해로 찌든 뿌연 밤하늘엔 별이 하나도 보이지 않았다.

순간 맑은 메시지 음이 짧게 울렸다.

'사랑했어요. 당신을 만나 얼마나 행복했는지 몰라요. 당신이 내게 준 사랑 영원히 간직할게요.'

남자는 여자와 이별을 하고 그날부터 밤을 잊었다. 낮과 밤을 바꿔 살았다. 매일같이 밤마다 뜬눈으로 보내고 서쪽으로 나 있는 창으로 효명이 뿌옇게 다가올 때 잠이 들었다. 남자는 머리를 기르기 시작했다. 여자와 헤어지고 두 번의 가을이 오고갔다. 어느새 남자의 머리칼은 어깨까지 내려왔다.

얼마 전 여자에게서 문자가 왔다.
'잘 지내시나요.'

유리 성

그해 여름
사랑을 시샘한
거센 폭풍우 몰아쳐 왔다
그 바람은 한 계절 다 지나고서야 멈췄다
우리 사랑은 유리알처럼 산산이 부서지고 말았다
그리고 맑게 갠 푸른 하늘은 눈부셨다
죽어도 좋을 만큼

나는 길 잃은 한 마리 철새였다

잊지 말아요

슬픈 눈물을 남기고 돌아서는
그대를 잡을 수가 없었어요

추억만을 남기고 가는 사람아
잊어 달라는 말은 하지 말아요
행복했던 기억만은 영원히 지우지 못할 거야

그리움을 두고 가는 사람아
바람에 눈물이 사위어 가도
함께 했던 추억만은 잊지 못할 거예요

아, 사랑했던 사람아
좋은 사람 만나 사랑하라는 말은 하지 말아요

행복했던 추억만을 간직하세요
잊지 말아요 우리의 가슴 아픈 사랑을

빈 잔

너는 늘 행복한 줄 알았다
빈 잔에 담길 누군가를 그리워하며
설렘으로 미소 짓고 있는 줄로만 알았다

물을 채우면 투명한 물방울을 온몸에 머금고
포도주를 채우면 진한 향을 입술에 적시는
꿈 많은 소녀의 가슴인 줄만 알았다

그러나 정작 한번도 사랑을 못해 본
투명한 너의 가슴에 사랑은 온전히 스며들지 못하고
눈물같이 맑은 물방울만 굴러 떨어진다

장미

너는 뜨거운 심장을
회오리바람으로 밀어 올려
붉은 가슴에 꽃을 피운
사랑의 성전이다

온몸을 붉게 물들인 가장 목마른 사랑
비를 맞고 있지만 목이 마르다

바람의 몸을 입고 있어
너는 내 안에 있지만 늘 그립다

사랑에 도도한 너는 가시를 기른다
뜨겁게 휘몰아치는 회오리 중심에
단 한 사람만을
들이겠다는 증표다

저 너머에 누군가는

너를 기다리는 순간순간이 목말랐다
창밖에 붉나무 뒤척이는 소리에
시간이 자꾸만 태어나는 것을 보며
입 밖으로 새어 나오는 목소리를 붙잡은
손을 오래 만지작거렸다

시간이 태어나는 순간에도 저 너머엔
바람에 꽃망울 지듯
채 피어나지 않은
사랑이 지고
그 뼈를 묻고
먼지가 되어 바람에 흩날린다

해가 가고 있다
네가 가는 그 길을 따라

미로(謎路)

몇 날을 그리워하다가
무작정 나선 밤
자동차 불빛에 탈색된 빗속을 달려
비릿한 바다 냄새 밀려드는
비 쏟아지는 거리에 섰다

손 내밀면 닿을 것 같은
두 팔 벌리면 달려와
안길 것만 같았던 사랑
대답 없이 꺼져 버린 전화
어두운 거리를 정처 없이 걷다가
돌아보면 다시 그 자리

목마르던 시간
시린 눈으로 지친 밤을 보내고
돌아오는 길
비에 젖어 불 꺼진 다리
온몸으로 섬을 끌어안은 채
소리 없이 뒤를 따라 오고 있었다

요즘 사랑

사랑을 그렇게 하면 쓰나
사랑은 몸과 마음을 다 바치고
온갖 시련과 고통을 이겨내며
한곳을 바라보는 것이 정말 사랑이지

동물적 욕구에 이끌려
하룻밤 쾌락을 쫓는
영혼 없는 사랑
상점에 물건 구매하듯
자신에게 맞는 상대를 골라
동거는 하지만
결혼도 하지 않고
아이도 낳지 않고
서로에게 구속하지 않고
사랑은 짧게
이별도 짧게
시작도 끝도 경쾌해서 좋아
내일 우리 만나면 모른 척 하자
이별 하고 돌아서며 쓴웃음 한번 짓고
손 한번 털어버리는
죽고 못 사는

구구절절 애절한 사랑은
사치라는 요즘 사랑

8월의 어느 날 밤

마지막 술잔을 들고
행복하라는 마지막 인사를 하며
어두운 거리에서 마지막 포옹을 하고
널 떠나보내던 그 밤
불 꺼진 거리에
저만치 너의 모습이 다가왔다
지나치는 차들의 불빛 속에 사라져 가고
너를 사랑하면서
보내야만 했던 후회의 눈물을 삼켜야 했다

사람들 발길 끊긴 거리에
잊지 못할 그리움으로 서성이며
할로겐 조명 꺼져 있는 넓은 창에
눈물처럼 고여 있는 눈빛
아픈 사랑은 이제 다시는 오고가지 못할
싸늘히 식어 가는 밤바람에
고개 숙인 채 울음을 터트린다

사랑했지만
너무나 사랑했지만
보내야만 했던

떠나보내야만 했던
8월의 여름밤 그 거리에 멈춰서 있는 사랑
눈물 꽃처럼 피어 있는 사랑

그대 향기

꽃이
제 아무리 향기롭다 하여도

그대가
나에게 적셔 놓은
향기만큼 할까

4

사랑은 그리움

다시 봄

다시 태어나리라

내 삶의 봄은 무수히 왔다가 갔다
지난봄의 화려함은 이미 가고 없다
그러나 봄은 또다시 오고 있다
못다 한 사랑
다시 피워 보리라
못다 한 열정
다시 불 지펴 보리라
장미꽃보다 더 붉게
저 붉은 태양보다 더 뜨겁게
사랑을 피워 올리리라

눈물이 나요 · 2

그대와 다정히 손을 잡고 걸으면
나도 모르게
눈물이 나요

그대와 마주앉아
맛있는 밥을 먹고 있어도
눈물이 나요

그대와 잠시 잠깐 떨어져 있어도
나도 모르게
눈물이 나요

그대를 사랑하면 할수록
자꾸 눈물이 나요

단 한번 만이라도

그 사람을 떠올리면
설레는 내 마음이 행복하고
심장이 멎을 것만 같아
아프기도 한 그 사람

늘 보고 싶고
그리움에 눈물이 나는
죽도록 사랑하고 싶은 사람이
내안에 있습니다

운명이 있다면
간절한 마음으로 빌고 싶습니다
그 사람과 단 한번만이라도
사랑하고 싶다고

먼 관계

그대와 나의 거리는 얼마일까 생각해 봅니다
세 발짝
남들이 보기엔 딱 적당한 거리입니다

오해받지 않을
그대와 나의 거리는
먼발치에서
바라보기엔
딱 그만치의 관계입니다

그렇지만
내 마음은 편하지 않습니다
좋아하지만
그리워하지만
가까이 다가갈 수 없는
그대와의 거리
참 먼 간격입니다

두 마음

너를 그리워하면서도

보고싶다는
마음과

참고 견디는
마음이

서로 팽팽하게
온종일 줄다리기를 하고 있다

손톱깎이

달님은 밤마다 세월을 깎고
우리는 날마다 시간을 깎네요

사랑은
가까이 다가가야 하는데

우리는 서로의 입장 때문에
자꾸만 거리를 두네요

꽃은 피고지고
강물은 쉼 없이 흐르는데

그대와 나는
무심한 세월만 깎고 있으니

언제 우리 사랑은
접시꽃처럼 뜨겁게 꽃 피울까요

연필깎이

나는
연필깎이

모난 마음을 다듬습니다

그대 사랑하는 마음
변치 않기 위해

나는
연필깎이

구석진 마음을 둥글게 다듬습니다

그대 좋아하는 마음
변치 않기 위해

질투

나만 보면 늘 활짝 웃던 그대가
오늘은 잔뜩 화난 표정으로
대꾸도 하지 않고
돌아서 가는 뒷모습을 보고도
기분이 좋기만 합니다

다른 사람과
정겹게 이야기하는 것을 보고
질투를 하는 그대가
왠지 모르게 사랑스럽기만 합니다

사랑은 그런가 봅니다
미움도 질투도
사랑하기 때문에
생긴 마음은 어쩔 수 없나 봅니다

오늘 같은 날에는

오늘처럼
저 하늘이 아득한 날에는
그대가 무척 그립습니다

오늘처럼
가슴 한쪽이 시린 날에는
그대 따뜻한 눈길이 그립습니다

오늘처럼
몹시 바람이 부는 날에는
그대 포근한 품이 그립습니다

오늘처럼
나도 모르게
외로움이 깊어지는 날에는
그대 목소리가 그립습니다

하루

또 하루가 가고
석양빛 붉게 물드는
바람 부는 강가에
소리 없이 잊혀간 기억들이
아스라이 떠올랐다
강물 위로 여울져 흘러가고

그리운 얼굴
생각나면 목소리라도 들을까
못 잊을 날들도
빛바랜 기억 속에
달빛 젖은
그림자와 함께
꿈결 속에 멀어져 가네

이런 여인이면

감성이 풍부했으면 좋겠다

겉모습이 아름답지 않아도
마음 밭에 향기로운 꽃나무 하나
가꾸고 있는
그런 여인이면 좋겠다

화장 진하게 하지 않아도
긴치마도
청바지도
아무렇게나 입어도
잘 어울리는
그런 여인이면 좋겠다

길을 가다가
뒷모습이 멋진 여인
뒤따라 걷다가
얼굴 한번 보지 못하고
놓쳐 버리고 마는 때가 있다

비 오는 날

강을 따라 걷다가 우연히 마주친
우산 속 우수에 잠긴 여인
그 여인이 생각난다

회상

어젯밤 내린 비에
꽃잎이 무수히 졌습니다
지난날 그대와 손잡고 걸었던
산책로는 한적하기만 합니다
언제나 나를 기다리며
그대가 앉아 있던 벤치엔
떨어진 꽃잎만 가득합니다

그토록 나를 사랑한다던
그대는 내 곁을 떠나가야만 했는지
아무런 말도 없이 왜 떠나야만 했는지
난 아직도 그 이유를 알지 못하고
그대를 생각하면 내 마음은
잿빛 가득한 하늘처럼
자꾸만 어두워져 옵니다

나는 아직도 가슴에 새긴
그대 눈빛을 안고 있지만
이제 그대 모습을 볼 수가 없습니다
지난날 그대와 다정이 손잡고 걸었던
이 오솔길은 하얀 꽃잎만이

불어오는 바람에 우수수 떨어져 흩날릴 뿐
지난 우리의 사랑은
이제 흔적조차도 없습니다

이름 모를 여인

강을 붉게 적시는 노을 따라 나타나
철쭉 붉은 화단에
걸터앉은 긴 머리 여인

맑고 고운 눈망울
둥근 콧날
긴 목
보기 좋게 그을린 것 같은 살결
푸른 청바지
노란 티셔츠

이층 찻집에 앉아 그녀를 내려다본다
예쁘다
눈을 들면 볼 수 있는 지척이지만
그녀의 시선은 붉은 꽃에 머물러있다
말을 건네고 싶다
지나치는 바람이 여인의 갈색 머리카락을
일렁이며 춤을 추게 한다
귓불이 붉다
여인이 긴 목을 들어 하늘을 올려다본다
목에 걸린 은빛 목걸이가 석양빛에 반짝거린다

어느새 짙은 어둠이 내려와
여인이 떠나간 자리를
수은등 불빛이 환하게 비추고 있었다

재회

그리움이 깊은 때문인지
외로움에 지샌 날들의 서러움인지
눈길 마주치지 못 하고
큰 눈 가득 눈물짓는 옛사랑

잊으라고
잊어 달라 했는데
다짐했던 그날의 약속이
더 깊은 그리움만 남겼나 보다
화장기 없는 얼굴에
야윈 모습
그리워도
만날 수 없었던
서러움이 빈 술잔 위에 눈물처럼 쏟아진다

희미한 가로등 아래
두 눈 붉게 핀 꽃잎
애처롭게 바라보다 잡은 손 놓고
돌아서는 어깨 위로
소리 없이 안개비가 내린다

소나기 · 3

맑은 하늘
한恨 서린 여인 울분을 토한다
그립다
그립다
너무 그립다
먹장 가득 구름이 일고
열사병 앓는 대지에
뜨거운 바람이 휩쓸고 지나간 후
목놓아
펑펑
시원하게
펑펑

소나기·4

문화예술회관 앞 가로수 붉나무 잎사귀
한낮 햇살에 더욱 더 붉어지고

회색 담장을 타고 오른 담쟁이넝쿨 가냘픈 손을 뻗어
하늘을 바짝 끌어당기면

강 위로 낮게 날며 물비늘을 일으키던 바람
뜨겁게 달궈진 대지를 훑고 간 후

소나기,

주체할 수 없는

저 하늘의

오르가슴

5

우리 사랑

우리 사랑

오늘은 내가
내일은 네가
우리 그렇게 서로 사랑하며 살자

좋아한다는 말

기차는 가고
그녀는 떠났다

나 너 좋아해
너를 좋아하지만
네가 나를 좋아할까 봐
말을 못했다

그녀가 가고
나를 좋아한다는 말이 귓가에 맴돌았다

집으로 돌아오는 동안
좋아해
사랑해
그 말이 뇌리에서 가슴으로 내려왔다

그녀

강이 내려다보이는 이층 찻집에 앉아 그녀가 오는 길에 시선을 고정한 채 길 위로 끊임없이 지나가는 차들을 바라보며 지루함을 달래고 있다

두시,
그녀는 오늘도 어김없이
약속 시간을 훌쩍 넘기고 있다
순간,
출입문에 매달아 놓은 풍경소리와 함께
진한 화장품 냄새를 물씬거리며
그녀는 어느새 내 앞에 앉아
입가 가득 미소 짓고 있다

적당한 키
보기 좋게 살이 오른 몸매
약간 그을린 피부
생머리
쌍꺼풀 없는 눈
얇은 입술
구두 속의 맨발
언제나 바지 차림

아픔과 슬픔을 간직하고 있는 여자
적당하게 때묻은 영혼을 가진 여자
마주하고 있으면 절로 웃음이 나오는 여자

나는 점점 이 여인에게
걷잡을 수 없이 빠져들고 있다

사랑 · 9

사랑은
봄처럼 향기롭게 다가와
여름처럼 뜨거운 열정으로 온 몸을 감싸고
가을처럼 붉게 불타올랐다가
겨울처럼 시린 아픔만 주고 갔네

사랑 · 10

한다안한다한다안한다한다안한다한다안한다
한다안한다한다안한다한다안한다한다안한다
한다안한다한다안한다한다안한다한다안한다
한다안한다한다안한다한다안한다한다안한다
한다안한다한다안한다한다안한다한다안한다
한다안한다한다안한다한다안한다한다안한다
한다안한다한다안한다한다안한다한다안한다
한다안한다한다안한다한다안한다한다안한다

사랑 · 11

눈부시게 아름답던 그날이
물밀듯 소리 없이 밀려와 온몸을 적시면
붉게 토해 낸 아픔은 서쪽 하늘을 물들인다

영원으로 치닫던 사랑
숨이 멎을 만큼 황홀했던 그 밤들

사랑을 위해 목숨 걸었던 순간들이
유성처럼 한줄기 빛을 남기고 사라져 가고
혼자 남겨진 사랑은 이 밤
검은 강에서 여울져 소리 내어 운다

사랑 · 12

사랑이 오네

붉은 노을처럼
뜨거운 가슴 태워 버리려고
피할 수가 없네

온몸으로 축복하리
화려하지 않아도
찬란하지 않아도
그 사랑 뜨겁게 안으리

사랑하다 이별한다 해도
이젠 겁내지 않으리
눈물 강 된다고 해도
피하지 않으리

사랑 · 13

사랑이 술이었으면 한다

사랑하고 싶을 때
마시다가
다 비워 버리면
또 한 병 사서
너무 취하면 미뤄 두었다가
외로울 때 꺼내 마시면 되니까

사랑 · 14

또 하나의 사랑은 그렇게 갔다

태양처럼 빛나고
꽃처럼 향기롭기만 했던

밤이면 내 창가에 찾아와
가슴 터질 듯 노래하던 사랑은

아름답던 날들을 눈물처럼 남겨 놓고
영원한 맹세를 버리고 갔다

사랑 · 15

맺혔다 풀고
다가왔다 돌아서는
기뻐하다 슬프고
사랑이란 것은
늘 기쁨만 주는 것이 아니기에
깊어 갈수록 어려운 것이던가

진실로 사랑하면
모두 다 이해 못 할 것도 없으련만
흐렸다 개였다
여름날 하늘처럼
때때로 변하는 것이 마음이라
어쩌지 못 하는 것이던가

믿음만 가지면
어떠한 일도 아랑곳하지 않고
참아 내리라
하지만 사랑은
바람에 흔들리는 가지처럼
요동치는 것이던가

그래서 사랑은 날이 갈수록
더 어려워지는 것이리라

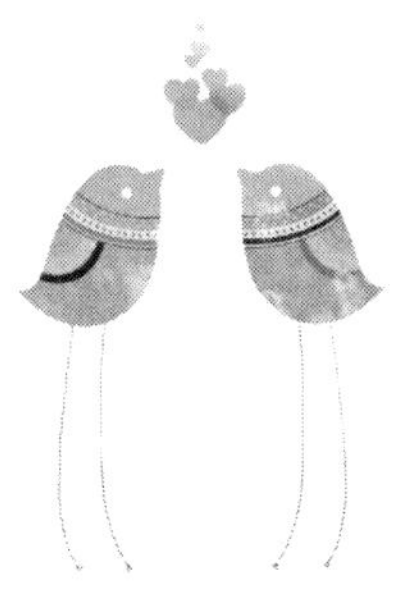

사랑 · 16

보고 있어도
보고 싶고

안고 있어도
보고 싶은

꿈길에서도
손잡고 걸어가고 싶은

사랑 · 17

계절과 상관없이 붉게 피어오르는 꽃

고통과 시련 속에서 더욱 더 아름답게 피어나는

영혼 속에 또 하나의 영혼을 창조하게 하는

사랑 · 18

의심하지 않는 마음이
가장 순수하고

집착하지 않는 마음이
가장 행복하고

질투하지 않는 마음이
가장 평온하고

구속하지 않는 사랑이
가장 아름답다

사랑 · 19

너는 내 사랑이야. 했더니

소녀처럼
수줍게 다가와
벌판 같은 내 가슴에
한 마리 사슴이 되었다

온밤을 씨 뿌리고
눈부시게 피어난 사랑은
동백보다
더 붉고
백합보다
더 진한
한 떨기 아름다운 꽃으로 피어올랐다

사랑 · 20

사랑은 강물이었다

머물지 못하는 시간 속에
꽃잎 활짝 피어나지 못하고
속절없이 흘러가 버린 강물이었다

사랑은 눈물이었다

즐거웠던 시간도
행복했던 순간도
남겨진 그리움에
마지막엔 슬픔으로 남았다

사랑은 바람이었다

바람처럼 소리 없이 다가와
온통 마음을 흔들어 놓고
더 깊은 외로움만 남긴 채
떠나가 버린 바람이었다

사랑 · 21

늘 그리운 것
늘 보고픈 것
늘 생각나는 것
늘 가슴 태우는 것

사랑하는 것 아름답고
사랑받는 것 행복하고
사랑주는 것 즐겁고
꿈길 같지만

아, 꽃 진 자리처럼
허무하구나

사랑 · 22

새까만 눈동자
별처럼 반짝이며
영원을 약속한 사람

지금은 어느 하늘 아래에서
달콤한 꿈을 꾸고 있는지

서쪽 하늘
우리의 사랑별은
그날도 오늘도
변함없이 반짝이는데

사랑 · 23

무트노프스키의 뜨거운 심장처럼
영원히 식지 않을 것 같았던 사랑

천 번을 맹세하고
만 번을 다짐하고
영혼을 팔아서라도
지키겠다던 그 맹세는
가슴 위로 뜨겁게 흘러내리는 용암처럼
하얀 김만 남긴 채 식어만 갔는가

사랑의 기쁨의 눈물은
이른 아침 강 위로 피어난 안개 되어 떠돌다가
풀잎에 이슬로 내려앉았다가
햇살에 사라져 갔으니

아, 아,
떠나버린 사랑은
창밖에 흘러내리는 빗물과 같아라

사랑 · 24

파란 하늘이 더 높아 보이는 것도
바다가 더 푸르게 보이는 것도

가진 것 없어도
마음이 따뜻해지고

추운 겨울에도
가슴이 뜨거워지는 것도
너의 사랑 때문이다

내가 사랑한 그 여자

–두 번째 첫사랑

세상의 모든 사랑은 첫사랑이다. 남녀가 처음 만나 사랑을 하면 그것은 첫사랑이다. 지난날 다른 사람을 사랑했던 그 사람은 지금 내가 사랑하고 있는 그 사람이 아니다. 지금 내가 사랑하고 있는 그 사람은 처음 눈을 맞추고 마음을 열고 입을 맞춘 사람인 것이다. 그렇게 그대를 처음 만나 사랑한 사람이 첫사랑인 것이다.

점점이 켜져 있는 다리 난간 위 삿갓조명 불빛에 날아든 흰 꼬리 나방이 거미줄에 걸려 연신 날개를 퍼덕거리며 몸부림을 치고 있다. 밝은 빛 가득한 한낮에는 무엇을 했는지 어둠 속 작은 빛을 찾아 유혹에 몸을 내 던졌는지 지난날 끝없는 나락에 내몰았던 내 자신이 마치 저 흰 나방을 닮은 것 같아 마음이 아려 온다.

사랑은 붉은색이다.
쉽게 멍이 든다.
화려하지만 다른 색이 섞이면 추해진다.
-「인생의 빛깔」 부문

그녀를 보았다. 그녀는 브라운관을 떠난 지 10년 만에 두 아이의 엄마가 되어 다시 컴백했다. 그녀는 오래전 내 곁을 떠나갔다. 나와 산 지 일 년이 채 되지 않아 거리에 꽃비가 무수히 내리던 날 아무런 말도 없이 떠나갔다.

난 그녀를 찾아 안 가 본 곳이 없었다. 그녀의 친구들과 친척 모두에게 수소문을 했지만 한결같이 모른다는 대답만 돌아왔다. 그녀 오빠를 협박하기도 하고 그녀가 갈 만한 곳을 다 찾아다녔지만 모두 허사였다. 난 매일 거의 술로 지새다시피 했다.

그녀가 내 곁을 떠난 지 삼 년이 되던 해 그녀는 브라운관에 혜성처럼 나타났다. 그 길로 나는 서울로 올라갔다. 그녀의 오빠, 엄마는 무조건 찾지 말라고 했다. 그녀 삼촌들도 나서서 이제 그만 그녀를 잊으라고 했다. 난 아무 말도 못하고 눈물만 삼켰다.

어느새 봄이 오고 있습니다
강을 따라 불어오는 바람은 아직 서늘하기만 합니다
어제 내린 비에 꽃들이 무수히 피어났습니다
이맘때가 되면
난 그대 생각에 아무 것도 할 수가 없습니다

날 두고 가 버린
그대가 야속하기만 합니다
외로이 떠 있는 낮달은
자꾸만 나를 슬프게 합니다

지는 해를 따라
그대와 나란히 걸었던 강을 따라 걸어갑니다
뿌옇게 노을 진 하늘은 금세 어둠이 내려와
회색빛 도시에 불을 밝히고
깊은 외로움을 어둠 속에 감추어 버립니다
-「그대가 그립습니다」 전문

그녀가 나오는 드라마를 한 편도 놓치지 않고 보았다. 그녀는 신인임에도 불구하고 얼마 지나지 않아 스타 반열에 올랐다. 연말에는 신인상을 각 방송국에서 받았다. 이미 남이 되어 버린 그녀를 잊으려고 애를 썼지만 그녀는 브라운관에서 예전처럼 밝게 웃고 있었다.

세차게 창을 흔들며 내리는 봄비는 회색빛 도시를 흠뻑 적시고 있다. 노란 산수유 향기가 빗속을 뚫고 바람에 실려와 코끝을 자극한다. 영원을 약속했던 그 사람, 이제 중년이 된 그녀도 조금은 변해 있었지만 모습은 여전했다.

서울에서 다니던 직장을 그만두고 고향으로 내려온 나는 변변한 직업 없이 매일 술에 의지하며 지냈다. 가을색이 짙어가던 어느 날, 친구의 소개로 시내다방에서 그녀를 처음 만났다. 영문도 모르고 친구 손에 끌려나온 나는 그녀와 마주앉은 자리에서 몇 마디 말도 나누지 않은 채 커피만 마시고 자리에서 일어나 나와 버렸다.

다음날 집으로 찾아온 친구는 무척 화를 냈다. 친구의 말에 묵묵부답으로 있다가 성화에 못 이겨 약속을 했다. 며칠 후 약속을 잊은 채 한 낮이 다 되도록 작은 골방에 널브러져 자고 있던 나를 친구는 반강제로 끌고 가 그녀 앞에 앉혔다. 부스스한 머리, 덥수룩한 수염, 핏기 없는 내 얼굴을 본 그녀는 아무런 말도 하지 않은 채 세 시간을 창밖만 바라보다 말없이 가 버렸다.

사랑하는 여인아
저 하늘 끝에 붉게 노을 진
석양을 보았는가

내 너를 사랑하면서도
너에게 다가가지 못하고
떠도는 바람처럼
구름처럼
너의 마음을 열지 못하고
너의 안에 앉지 못하니
나의 가슴은 노을이 되었다

오! 오!

사랑하는 여인아

물기 머금은 그대 깊은 눈
분홍빛 그대 미소
다정한 그대 목소리 만나
붉게 노을 진 강을 따라
나란히 길을 가고 싶다
-「사랑하는 여인아 1」 전문

난 그 길로 해장국 한 그릇과 소주 한 병을 마시고 쓰러져 잠을 잤다. 잠결에 이상한 느낌이 들어 눈을 떠보니 어두운 방에 그녀가 나를 내려다보며 앉아 있었다. 난 깜짝 놀라 벌떡 일어나 밖으로 나갔다. 한참 후에 돌아오니 그녀는 가고 없었다. 그날 이후 그녀는 내가 없는 틈을 타 내 방을 청소하고 갔다.

그녀는 홀어머니와 단둘이 살고 있었다. 오빠와 동생은 서울에서 생활하고 있었다. 고등학교에 다닐 무렵 아버지는 술로 일찍 세상을 뜨고 삼 남매 공부를 어머니가 시장에서 방물장사를 해서 대학을 다 마쳤다고 했다.

아담한 몸매에 큰 눈, 선명한 쌍꺼풀, 오뚝한 코, 하얗고 맑은 피부, 또렷하고 낭랑한 목소리, 그녀는 점점 내게 다가왔다.

그녀는 나를 무척 좋아했다. 내가 원하는 것들은 모두 다 들어주었다. 우리의 만남은 늘 그녀가 나를 찾는 것에서 시작됐다. 그녀를 만나고 첫 번째 가을이 왔다. 거리의 나무들이 단풍이 곱게 물드는 주말 오후 우리가 자주 가던 이층 음악다방에서 만난 그녀는 임신 사실을 내게 알렸다.

그녀의 어머니는 펄펄 뛰었다. 결혼은 절대 안 된다고 했다. 오빠가 살고 있는 서울로 딸을 데려갔다. 난 오빠에게 간곡하게 부탁했다. 사람 좋은 오빠는 어머니를 설득했다. 그녀 어머니는 완고했다. 나는 집 밖으로 쫓겨나다시피 그녀 오빠 집에서 나왔다. 그녀를 다시 만난 건 한 달이 지난 후였다. 오빠, 삼촌들까지 모두 가세해 두 번 다시 그녀를 찾지 말라고 했다. 그녀는 내내 소리 없이 울고만 있었다.

바람 몹시 불던 밤
그리워 그리워서
비틀거리는 발목을 부여잡고
찾아간 너의 집 앞

이젠 잊으라며
이제는 잊어달라며
사랑했던 기억마저
행복했던 기억마저도
하나씩 하나씩 지우겠노라며
눈물을 흘리다 돌아선
너를 붙잡지 못하고
사랑했었다
너를 진정 사랑했었다는 말은
하지 못했지만

너무나 소중했던 우리의 사랑을
너무나 사랑했던 그 기억들을
난 잊을 수 없을 거야
다음에 이다음에
우리 다시 만나면
그땐 너를 꼭 안고 놓지 않을 거야
널 지켜주지 못해서 미안해
사랑해
사랑해
난 너를 너무나 사랑했어
-「슬픈 이별」 전문

그녀는 탤런트가 된 지 십 년이 흐른 후에 모 방송인과 결혼을 했다. 그녀는 결혼을 하고 브라운관에서 소리 없이 떠나갔다. 그리고 두 아이의 엄마가 되어 살던 그녀는 얼마 전에 멜로드라마 주인공이 되어 브라운관에 다시 돌아왔다. 이십 년이 흐른 그녀의 모습은 아주 평온해 보였다.

누렇게 변한 책갈피 속에 붉게 핀 철쭉 앞에서 사진 속 그녀가 분홍빛 가득 웃음 짓고 있다. 죽을 만큼 아파하고 죽을 만큼 그리워하고 죽을 만큼 사랑했던 기억들이 그녀 얼굴과 교차하며 지난날을 글썽이게 한다.

이민호 시집
너의 이름 사랑이다

2020년 1월 10일 초판 인쇄
2020년 1월 15일 초판 발행

지은이 / 이민호

발행인 / 강병욱
발행처 / 도서출판 교음사

03147 서울 종로구 삼일대로 457 수운회관 1308호
Tel (02) 737-7081, 739-7879(Fax)
e-mail / gyoeum@daum.net

등록 / 제 2007-00052호

* 잘못된 책은 바꾸어 드립니다. 값 10,000 원

ISBN 978-89-7814-765-1 03810

이 도서의 국립중앙도서관 출판예정도서목록(CIP)은 서지정보유통지원시스템 홈페이지(http://seoji.nl.go.kr)와 국가자료공동목록시스템(http://www.nl.go.kr/kolisnet)에서 이용하실 수 있습니다. (CIP제어번호 : CIP2020001593)